politisch bilden

Hustedter Beiträge zur politischen Bildung

Band 5

Bildungszentrum HVHS Hustedt (Hg.)

Vier Reden über den Sinn von Bildung

Zur Verabschiedung von Dietrich Burggraf

Mit Beiträgen von:

Dirk U. Mende,

Hartmut Meine,

Vanessa I. Reinwand-Weiss,

Harald Kolbe

und einem Vorwort von Heinz H. Witte

© 2016 Bildungszentrum HVHS Hustedt

Herstellung und Verlag: BoD – Books on Demand, Norderstedt
Umschlaggestaltung: Karsten Meier, Braunschweig
Satz und Layout: visualisierung & konzepte, Braunschweig

Bibliografische Information der Deutschen Nationalbibliothek
Die Deutsche Nationalbibliothek verzeichnet diese Publikation
in der Deutschen Nationalbibliografie; detaillierte bibliografische
Daten sind im Internet über www.dnb.de abrufbar.

Printedt in Germany
ISBN 9-783842-343689

Inhalt

Vorwort

Die „Hustedter Beiträge zur politischen Bildung" knüpfen an eine lange Tradition des Bildungszentrums HVHS Hustedt an, die in den 50er Jahren des letzten Jahrhunderts mit den legendären „Hustedt-Briefen" begann, sich in einer Vielzahl von Publikationen fortsetzte und heute das Format einer allgemein zugänglichen, langfristig angelegten Schriftenreihe zur politischen Bildung hat. Damals wie heute geht es darum, besondere Bildungsereignisse zu dokumentieren und die kritische Reflexion arbeitnehmerorientierter politischer Bildung sowohl für die Weiterentwicklung vor Ort als auch für den wissenschaftlichen Diskurs nutzbar zu machen.

Im vorliegenden Band 5 veröffentlichen wir nun vier Reden über den Sinn von Bildung anlässlich der Verabschiedung von Dietrich Burggraf als Leiter und Geschäftsführer sowie der Übergabe der Leitung an Harald Kolbe und Maximilian Schmidt. Dieser Wechsel erfolgte mit dem „6. Hustedter Winter", dem politischen Jahresauftakt des Bildungszentrums im Februar 2016.

Ein solcher Personalwechsel ist mehr als eine personelle Veränderung, zumal wenn – wie in den zurückliegenden Jahren – das Bildungszentrum neu aufgestellt wurde. Dietrich Burggraf hat dabei als kreativer politischer Kopf, als Impulsgeber und Motor die Entwicklung des Bildungszentrums zum Zentrum für soziale Demokratie und Mitbestimmung in besonderer Weise vorangetrieben. Gemeinsam mit Harald Kolbe und dem gesamten Hustedt-Team wurde das Bildungszentrum 2009 bis 2016 grundlegend modernisiert.

Im Mittelpunkt steht die politische Bildung. Die Zusammenarbeit mit unseren gewerkschaftlichen Bildungspartnern und insbesondere der IG Metall wurde deutlich intensiviert und erhielt durch die Kooperation mit der in Hustedt ansässigen Betriebsräte-Akademie gGmbH neue Impulse. Das Landhaus, bisher der Verwaltungssitz des Bildungszentrums, wurde darüber hinaus zu einem unverwechselbaren Lernort mit Kamingesprächen zum gesellschaftspolitischen Diskurs und einer sozialwissenschaftlicher Handbibliothek umgestaltet. Des Weiteren wurde ein Archiv für politische Erwachsenenbildung im Bildungszentrum eingerichtet. Und nicht zuletzt wurde der sechswöchige Grundkurs zur politischen

Bildung (Akademiekurs) aktualisiert und konsequent zweimal im Jahr weitergeführt – in dieser Form nach wie vor ein Alleinstellungsmerkmal des Bildungszentrums. Zukunftsweisend sind die Sanierung aller Häuser des Bildungszentrums und der großzügige Umbau des Bauernhauses für multifunktionale Nutzungen – eine neue Dimension eröffnet der 2016 beginnende Neubau eines Zentrums zur Qualifizierung von europäischen Betriebsräten. „Hustedt" hat unter Leitung von Dietrich Burggraf und Harald Kolbe eine neue Wirkung entfaltet, sich zur Region hin geöffnet und sich in der Bildungslandschaft als Zentrum für politische Bildung an führender Stelle positioniert.

Vor diesem Hintergrund geben die vier Reden über den Sinn von Bildung Zeitzeichen, Bestandaufnahmen und konzeptionell Perspektiven – biographisch angelehnt an einen persönlichen Kompass von Dietrich Burggraf mit gewerkschaftlicher Orientierung (Meine), kulturellem Horizont (Reinwand-Weiss), politischem Handeln (Mende) und kritischer Erwachsenenbildung (Kolbe).

Die Reden sind in besonderer Weise kollegial wertschätzend im Blick auf die handelnden Personen und in der Sache politisch wegweisend, ohne die Suchbewegung und das Riskante von Bildungsprozessen zu verschweigen. Anregend sind diese vier Reden, weil sie wohltuend unsystematisch, weitgehend induktiv und teilweise narrativ ihre Sache entfalten. Es wird erkennbar, wie der bekannte Widerspruch zwischen vollmundigen Sonntagsreden zur Bedeutung von Bildung und der tatsächlichen Bildungspraxis aufgehoben werden kann – originell, anschaulich und ermutigend für eine arbeitnehmerorientierte, kritische Bildungspraxis.

Nicht von ungefähr gehen alle vier Beiträge über den aktuellen Anlass hinaus und beschreiben aus Sicht der Autorin und Autoren Dimensionen und Aufgaben kritischer politischer Erwachsenenbildung – angemessen für einen politischen Jahresauftakt, den Hustedter Winter des Bildungszentrums. Dieses Format hat sich etabliert, zu Beginn eines Jahres über die gesellschaftliche und bildungspolitische Situation jenseits der Tagespolitik nachzudenken. Hustedt ist ein idealer Ort für neue Ideen, Impulse und Anregungen.

Mein Dank gilt dem gesamten Hustedt-Team für den gelungenen 6. Hustedter Winter. Unserem Kollegen Dr. Peter Straßer danke ich für die

Betreuung, sowohl dieses Bandes der „Hustedter Beiträge" als auch der gesamten Schriftenreihe sowie unseren Kolleginnen Inge Brauer und Petra Georgi für die Texterfassung und Gestaltung.

Besonders gefreut haben wir uns über ein Grußwort von Jörg Köther für den Konzernbetriebsrat der Volkswagen AG.

Mit persönlicher Verbundenheit und freundschaftlichem Dank an Dietrich Burggraf für die geleistete Arbeit verbinde ich alle guten Wünsche an Harald Kolbe als erfahrendem gewerkschaftlichen Bildungsmanager und bisherigen stellv. Leiter sowie an Maximilian Schmidt als Politologen und Historiker für ihre neue Aufgabe in der Leitung des Bildungszentrums.

Mein besonderer Dank aber gilt der Autorin und den Autoren Professorin Dr. Vanessa Reinwand-Weiss, Direktorin der Bundesakademie für kulturelle Bildung Wolfenbüttel, Hartmut Meine, Bezirksleiter des IG Metall Bezirks Niedersachsen/Sachsen-Anhalt, Dirk Ulrich Mende, Oberbürgermeister der Stadt Celle sowie Harald Kolbe, Geschäftsführer des Bildungszentrums. Sie haben diese hier vorliegenden Hustedter Beiträge zur politischen Bildung möglich gemacht.

Heinz H. Witte
Vorsitzender des Trägervereins

Dirk Ulrich Mende

Grußwort zum Hustedter Winter

Sehr geehrte Damen und Herren,
insbesondere lieber Dietrich Burggraf,
lieber Harald Kolbe und Maximilian Schmidt,

ihr drei steht heute Abend im besonderen Fokus dieses besonderen Hustedter Winters 2016. Es findet ein Wechsel in der Leitung dieser wunderbaren Einrichtung in Celle statt, dieser hervorragenden Einrichtung des Trägervereins Bildungszentrum HVHS Hustedt e.V., der sich der Qualifizierung und der Befähigung und Schulung von Arbeiterinnen und Arbeitern, von Betriebsräten und Gewerkschaftlern verschrieben hat. Der in den Mittelpunkt die arbeitnehmerorientierte Bildung für soziale Demokratie, gesellschaftliche Teilhabe und Mitbestimmung in Betrieb, Wirtschaft und Gesellschaft stellt und die Dietrich Burggraf in den vergangenen sieben Jahren geprägt hat. Lieber Dietrich, du bist damit nahezu genauso lange im Amt und in Celle wie ich. Mit großer Freude habe ich dich damals begrüßt und mit dir einen Mitstreiter gefunden, wie man ihn sich nur wünschen kann.

Wenn ich sage, dass du diese wunderbare Einrichtung geprägt hast, dann gilt dies vor allem – und deswegen betone ich das als Oberbürgermeister dieser Stadt so ausdrücklich – in der für mich besonders wahrnehmbaren Art und Weise, wie du die Heimvolkshochschule in ihrer Außenwirkung noch weiter und intensiver ausgebaut und, wie es heute der Celleschen Zeitung zu entnehmen war, in Richtung Stadt geöffnet und entwickelt hast. Ich habe schon vor einigen Jahren ganz deutlich bei passender Gelegenheit hier in Hustedt gesagt, dass die Wahrnehmbarkeit linker Politik, die Wahrnehmbarkeit von gewerkschaftlich orientierten Inhalten nach meinem Dafürhalten bundesweit nicht die gleiche Aufmerksamkeit erfährt, wie das, was in vergleichbaren Einrichtungen, zum Beispiel der evangelischen Kirche, diskutiert, besprochen und dann womöglich verabschiedet wird. Du hast dafür gesorgt, dass unter anderem, zum Beispiel auch mit der heutigen Veranstaltungsserie, die seit Januar 2011 zu Beginn eines jeden Jahres hier in Hustedt als „Hustedter Winter" eine Dialogplattform bildet, die neue Impulse setzt, die zum Nachdenken anregt und neu Erkenntnisse mit sich bringt. Nicht zuletzt hatten die Teilnehmerinnen und Teilnehmer bei gutem Essen gute und intensive Gespräche zu führen. Auch das alleine ist schon ein Wert für sich. Die Vielzahl weiterer Veranstaltungen, das Hustedter Picknick, Open-Air-Kino, Gesprächskreise und anderes mehr stehen für diese Öffnung zur Stadt.

Du hast dich aber auch als Baumeister hervorgetan und so ist kein Wunder, dass heute Herr Simon als dein Architekt hier ist, eigentlich hättest du auch unsere Bauabteilung mit einladen müssen, denn sie hat deine Pläne immer wieder unterstützt. Auch wir mit unserer Bauabteilung werden den weiteren Ausbau der Heimvolkshochschule mit den gerade jetzt erst im Dezember vorgestellten neuen Plänen und die dann in Celle, in Hustedt, hier bei dir stattfindenden europäischen Gipfeltreffen der Gewerkschafter tatkräftig unterstützen. Diese Bautätigkeit hat die Heimvolkshochschule deutlich attraktiver werden lassen, als sie das zuvor gewesen ist. Sie hat dazu geführt, dass die Nachfrage an Übernachtungen, dass die Nachfrage an Seminaren weithin stabil geblieben und zum Teil gesteigert werden konnte. Dies hat natürlich Auswirkungen auch auf die gesamte Stadt, für die ich dir ausgesprochen dankbar bin. Die jetzt schon mit deinem Nachfolger und mit der konstanten Größe in der Heimvolkshochschule, Harald Kolbe, vorgestellt und entwickelte Schulungsmöglichkeit für europäische Betriebsräte ist einzigartig und wird Celle schlagartig europaweit bekannt machen. Dies alles kann ich und will ich als Oberbürgermeister dieser wunderschönen Stadt ausdrücklich begrüßen. Von daher danke ich dir, Dietrich Burggraf, ganz herzlich dafür, wie du deine Aufgabe – auch im Interesse der Stadt – in den vergangenen sieben Jahren großartig gemeistert hast.

Doch woher kommt der Motor für dich, sich so intensiv mit der Bildung zumal der gewerkschaftlichen zu beschäftigen? Deine Jahrzehnte lange Mitgliedschaft in der Gewerkschaft und der SPD – dort etwas kürzer, wenn ich das richtig weiß – mag da schon Hintergrund genug sein. Arbeiterbewegung und Bildung. Diese beiden Bereiche haben schon von Beginn an zusammengehört. Die Erkenntnis, nur über Bildung tatsächlich eine Partizipation an den gesellschaftlichen Errungenschaften für alle organisieren zu können, ist so alt wie die Arbeiterbewegung oder umgekehrt, ohne die Möglichkeit bei den relevanten Themen sach- und fachkundig mitzusprechen, ist man in einer modernen Welt abgehängt und wird nicht wahr genommen.

Bildung ist schon von daher gewerkschaftlicher Auftrag: „Wissen ist Macht" hat schon der englische Philosoph Francis Bacon (1561–1626) im Zeitalter der Aufklärung postuliert und damit auch in Deutschland zu einem durchaus geflügeltem Wort beigetragen. Theodor Lessing hat dem gegenübergestellt „Bildung ist Schönheit".

Dieses Zitat von Lessing mache ich gerne zum Aufhänger meiner Betrachtung zum Thema Bildung. Dem komme ich gerne nach. Während die Aussage „Wissen ist Macht" ganz stark darauf abhebt, dass Wissen von fundamentaler Bedeutung für die Frage der Machtstrukturen einer Gesellschaft ist, betont Theodor Lessing einen ganz anderen Aspekt, der bei dem Thema Bildung gerne übersehen wird. Bildung hat nicht nur etwas mit der Anhäufung von Wissen zu tun. Was macht Bildung an mehr aus, wenn nicht nur Wissen damit verbunden ist?

Theodor Lessing hat seine Schulzeit in Hannover in ziemlich schrecklicher Erinnerung behalten. Diese war offensichtlich davon geprägt, Fakten zu vermitteln und nicht Bildung. Er hat darunter gelitten und vielleicht auch deshalb später in Hannover in Linden ab 1919 die dortige Volkshochschule Hannover-Linden mit seiner zweiten Frau Ada Lessing aufgebaut. Ihm ging es eben in erster Linie um Bildung – und damit um etwas grundlegend Verschiedenes als nur Wissensvermittlung.

Vielleicht kann man das an dem Unterschied von Gehirn und Verstand versuchen zu definieren. Gehirn hat jede und jeder – Verstand ist dagegen leider sehr unterschiedlich verteilt. Wissen hat auch jeder – Bildung leider nicht.

Auch diese Unterscheidung wird leider nicht von jedem Mann und jeder Frau ohne weiteres nachvollzogen. Während unsere Schulen damals wie heute vorwiegend wissensorientierte Anstalten sind, tritt die Bildung mit dem umfassenden Anspruch der Prägung der Menschen in ihren geistigen Fähigkeiten in den Hintergrund. Das ist auch nachvollziehbar, ist doch Wissen einfacher messbar und zu benoten. Für die Bildung findet sich ja schon kaum eine klare Definition – und da bitte ich um Verzeihung – ich habe ganz und gar ungebildet heute eine solche bei Wikipedia gesucht. Wie wäre sie denn dann messbar? Das scheint in einer Welt, in der alles und jedes zu wiegen, zu messen und zu benoten ist auch geradezu das Aus für Bildung als notwendige Größe einer wissensvermittelnden Einrichtung zu sein. Ich will mich dann gleichwohl trauen den Versuch einer Definition zu wagen – wissend, dass er unvollständig bleiben wird. Am ehesten mag der Versuch dem Bildungsverständnis von Lessing zu entsprechen wenn wir uns heute und hier darauf einlassen Bildung als die Kompetenz zu begreifen, die Menschen in die Lage versetzt seine geistigen, kulturellen und lebenspraktischen Fähigkeiten sowie seine persönlichen und sozialen Kompetenzen zu erweitern und ein Leben lang weiter zu entwickeln. Bildung ist danach ein lebensbegleitender Entwicklungsprozess. Aber auch einer, der durch Selbst- und Außenreflexion gesteuert wird, der übrig bleibt, wenn angehäuftes Wissen verloren geht, wenn man alles vergessen hat, was man gelernt hat.

Mit einem solchen Bildungsverständnis eckt man an. Lessing ist das widerfahren, den Bildungsreformern des letzten Jahrhunderts ist das widerfahren. Deshalb ist es gut, wenn sich die HVHS Hustedt als Bildungseinrichtung versteht, die diesem Ideal nachstrebt. Die von Lessing aufgebaute Volkshochschule als kommunale Kultur- und Bildungseinrichtung wird durch drei Begriffe geprägt: Macht, Freiheit, Schönheit.

Sie stehen nebeneinander und in gleicher Bedeutung, ich zitiere „ein tüchtiger Schulsack voller Kenntnisse, gebe euch Macht. Ausbildung aller Fertigkeiten, mache euch frei. Allgemeine Bildung bringe zur Entfaltung die Schönheit, die in Euch angelegt ist."

Die HVHS Hustedt ist der Bildung und nicht nur der Wissensvermittlung verpflichtet. Ich wünsche ihr gerade unter diesem Aspekt eine lange und große Zukunft, denn gerade diese ist in der heutigen Zeit als Maßstab für Haltung viel wichtiger als Faktenwissen. Denn nur mit Bildung kann ich dieses in die richtigen Zusammenhänge stellen.

Wenn wir hier einen Wechsel vor uns haben, dann haben wir einen Wechsel zu Maximilian Schmidt und Harald Kolbe vor uns. Ich habe gerade schon gesagt: die Konstante in dieser Einrichtung ist Harald Kolbe. Ihm danke ich gerade für diese Kontinuität, mit der er die Heimvolkshochschule ebenso prägt. Maximilian Schmidt danke ich ebenfalls für die Bereitschaft, als Sprachrohr der Heimvolkshochschule in die Landespolitik hinein zu fungieren, und sie diesem neuen Gewicht, welches die Heimvolkshochschule auch durch den Neubau bekommen wird, Gesicht und Stimme zu verleihen. Ich bin mir sicher, dass wir – gemeinsam mit der Heimvolkshochschule – als Stadt Celle in den kommenden Jahren noch viel Freude aneinander haben werden. Zurzeit glaube ich fest daran, dass die Heimvolkshochschule eine große Karriere noch vor sich hat.

Ich danke für die Aufmerksamkeit.

Hartmut Meine

Gewerkschaftliche Bildungsarbeit im Jahre 2016

Mir ist aufgetragen worden, über den „Sinn von Bildung" zu sprechen – und das Ganze maximal in 10 Minuten. Bevor ich mich nun aufschwinge, das Thema zu erweitern und in seiner Ganzheitlichkeit darzustellen, um letztlich über den „Sinn des Lebens" zu philosophieren, kürze ich das Thema auf die gewerkschaftliche Bildungsarbeit. Dafür steht die Heimvolkshochschule Hustedt seit vielen Jahren, dafür steht Dietrich Burggraf, insbesondere in seiner Zeit als Leiter der Bildungsstätte Hustedt von 2009 bis 2016.

Gewerkschaftliche Bildungsarbeit unterscheidet sich in vielfältiger Weise von allgemeiner Bildungsarbeit:

- Sie orientiert sich an den Werten und Zielen der Gewerkschaften,

- sie ist gesellschaftskritische Bildungsarbeit, indem sie betriebliche Konflikte zwischen Beschäftigten und Arbeitgebern aufnimmt und sie in einem Zusammenhang des Grundwiderspruches von Kapital und Arbeit stellt.

- Sie öffnet gesellschaftspolitische Diskussionen auch dahin, über Alternativen zum real existierenden Kapitalismus zu sprechen, wie zum Beispiel die Wirtschaftsdemokratie.

- Gewerkschaftliche Bildungsarbeit hat den Anspruch, Realitäten und Konflikte im Betrieb und in der Gesellschaft in all ihren Zusammenhängen und manchmal in ihrer Widersprüchlichkeit zu verstehen und zu durchdringen.

- Es geht nicht nur um Wissen und Information, sondern es geht um Zusammenhangswissen und kritische Analyse.

- Gewerkschaftliche Bildungsarbeit bleibt nicht dabei stehen zu analysieren, sondern die Seminare hier in der Heimvolkshochschule Hustedt, wie an allen gewerkschaftlichen Bildungsstätten, haben das Ziel, die Teilnehmenden zu qualifizieren und zu motivieren, in gemeinsamen Aktivitäten und Aktionen für eine gute Arbeit und ein besseres Leben zu streiten und zu kämpfen. In der IG Metall formulieren wir: Gewerkschaftliche Bildungsarbeit ist Zweckbildung für die sozialen Auseinandersetzungen. Gewerkschaftliche Bildungsarbeit ist handlungsorientiert. In unseren politischen Grundlagenseminaren für Gewerkschaftsmitglieder, neu gewählte Vertrauensleute und neu gewählte Betriebsräte stehen die konkreten betrieblichen und gesellschaftlichen Erfahrungen der Teilnehmenden im Mittelpunkt, die von ihnen in die Diskussions- und Lernprozesse eingebracht werden. Anders als viele private Bildungsträger wenden wir in der gewerkschaftlichen Bildungsarbeit fortschrittliche Methoden an, um gemeinschaftlich zu lernen und uns gemeinschaftlich weiterzuentwickeln. Ich bin immer wieder erstaunt, welchen großen Zulauf gerade Be-triebsräteseminare von privaten Anbietern bei Betriebsräten haben. Abgesehen davon, dass diese teuren Seminare in landschaftlich reizvoll gelegenen 4-Sterne-Hotels stattfinden, sind die dort praktizierten pädagogischen Prinzipien des Lernens der Bildungsarbeit veraltet und befinden sich auf dem Stand der Schulpädagogik der 1950er Jahre.

– Betriebsräteseminare von kommerziellen Anwendern bestehen in der Regel in einer Aneinanderreihung von Referaten ohne gesellschaftlichen Bezug, mit wenig betrieblicher Praxis und ohne den Anspruch, betriebliche Prozesse in den Zusammenhang von gesellschaftlichen Realitäten zu stellen, ohne den Anspruch, Zusammenhangswissen zu vermitteln.

Gewerkschaftliche Grundlagenbildung vor Ort im Betrieb und in der Region lebt davon, dass qualifizierte ehrenamtliche Referentinnen und Referenten diese Seminare leiten. Meistens sind es erfahrene Vertrauensleute und Betriebsräte, die die Seminare ehrenamtlich und zusätzlich zu ihrer Arbeit als Betriebsrat oder Vertrauensmann durchführen. Dadurch ist sichergestellt, dass wir sehr nah an der Praxis arbeiten und lernen. Anders als bei privaten Anbietern verfolgen unsere ehrenamtlichen Referentinnen und Referenten keine wirtschaftlichen Interessen, sondern arbeiten ehrenamtlich. Betriebliche Kolleginnen und Kollegen werden in einem umfangreichen Qualifizierungsprogramm darauf vorbereitet, als Referentinnen und Referenten in politischen Grundlagenseminaren tätig zu werden.

Diese Praxis hat sich bewährt, sie ist aber sehr aufwendig. Allein aufgrund der demografischen Entwicklung scheiden regelmäßig ältere, erfahrene Referenten aus, und wir müssen junge, qualifizierte Betriebsräte und Vertrauensleute motivieren und qualifizieren, als Referentin und Referent tätig zu werden. Dies ist ein permanenter Prozess, der sehr viel Arbeit und Kraft erfordert. Aber wir praktizieren dies im IG Metall-Bezirk Niedersachsen und Sachsen-Anhalt seit vielen Jahren und Jahrzehnten erfolgreich. Dies geht nur zusammen mit unseren Bildungspartnern Arbeit und Leben, den Heimvolkshochschulen in Springe und in Hustedt sowie den zentralen Bildungsstätten der IG Metall.

Lasst mich angesichts der knappen Zeit auf zwei Aspekte des breiten Feldes der gewerkschaftlichen Bildungsarbeit eingehen.

- Nicht ohne Stolz weisen wir darauf hin, dass die IG Metall mittlerweile seit fünf Jahren steigende Mitgliederzahlen aufweist. Dies ist keine Selbstverständlichkeit, gerade angesichts einer Entwicklung in der andere Großorganisationen wie Parteien, Kirchen und Vereine drastische Mitgliederverluste hinnehmen müssen. Die positive Mitgliederentwicklung der IG Metall ist kein Selbstläufer. Seit etlichen Jahren haben wir stärker noch als in der Vergangenheit die Mitgliederentwicklung in den Fokus unserer Arbeit gestellt. Denn es ist eine Binsenweisheit: Je mehr Mitglieder eine Gewerkschaft hat, desto handlungsfähiger ist sie, desto mächtiger und einflussreicher ist sie. Mitgliederwerbung gelingt nur dadurch, dass man Menschen im Betrieb anspricht und sie davon überzeugt, sich gewerkschaftlich zu organisieren. Dafür braucht man gute Argumente, aber auch geeignete Handlungsweisen, um Mitgliederwerbegespräche führen zu können. Wir haben diesen Prozess in den letzten Jahren noch einmal neu beleuchtet und sind auf zahlreiche Parallelen zwischen gewerkschaftlicher Grundlagen-arbeit und Mitgliederwerbung gestoßen. Letztlich muss man gut argumentieren können, warum es sinnvoll ist, Mitglied einer Gewerkschaft zu sein.

– Eben dies lernt man in gewerkschaftlichen Grundlagenseminaren und umso besser wird man Mitglieder werben können. Wir sehen enge Zusammenhänge zwischen gewerkschaftlicher Bildungsarbeit und Mitgliederwerbung und haben uns für die Zukunft dazu einiges vorgenommen. Die IG Metall hat vor, weiter zu wachsen, mehr Menschen davon zu überzeugen, bei uns Mitglied zu werden, um dadurch in all unseren Branchen und möglichst in allen Betrieben handlungsfähig zu sein.

– Nun haben wir in der betrieblichen Realität in den letzten Jahren damit zu tun, dass der relative Anteil der Produktionsarbeitsplätze abnimmt und der Anteil von Arbeitsplätzen im sogenannten indirekten Bereich, also im kaufmännischen, aber auch im Ingenieursbereich zunimmt. Jeder hier im Raum weiß, dass nicht in allen, aber in den meisten Betrieben der Organisationsgrad in der Gewerkschaft im Produktionsbereich deutlich höher liegt als beispielsweise im Ingenieursbereich und in den Forschungs- und Entwicklungsabteilungen. Dies schlägt sich auch darin nieder, dass die Teilnehmerinnen und Teilnehmer an politischen Grundlagenseminaren nicht ausschließlich, aber mit großer Mehrheit aus produktionsnahen Bereichen kommen.

– Wir haben dazu im letzten Jahr einen nicht ganz unumstrittenen Versuch hier in der Heimvolkshochschule Hustedt unternommen und alternativ zu unserem Grundlagenseminar, dem A1-Seminar, ein zweieinhalbtägiges politisches Grundlagenseminar für Ingenieurinnen und Ingenieure angeboten.

– Dieses Pilot-Seminar wurde von Carsten Maaß und Garnet Alps geleitet und sie berichten phantastische Dinge. 25 Ingenieurinnen und Ingenieure haben zweieinhalb Tage hier in Hustedt sehr konzentriert und intensiv an gewerkschaftlichen und politischen Grundlagenfragen gearbeitet. Es wurde deutlich, dass auch hochqualifizierte Beschäftigte im Ingenieursbereich ein hohes Bedürfnis haben an politischer und gewerkschaftlicher Orientierung und eine grundsätzliche Bereitschaft mitbringen, sich für ihre Kolleginnen und Kollegen gewerkschaftlich einzusetzen. Das Hustedter Pilotseminar führte dazu, dass dieses Seminar nun ein fester Bestandteil unseres bezirklichen Bildungsprogramms wird, und wir hoffen, dass wir immer mehr Kolleginnen und Kollegen aus diesen Bereichen motivieren können, diese Seminare zu besuchen.

Dies waren nur zwei Facetten, unter denen man das Thema gewerkschaftliche Bildungsarbeit beleuchten kann. Auch wenn es nicht gewünscht ist, möchte ich abschließend ein paar Sätze zu Dietrich Burggraf sagen:

Lieber Dietrich, du hast diese Bildungsstätte über sieben Jahre geleitet und ich darf das ohne Übertreibung und Lobhudelei formulieren: Du hast zusammen mit Harald Kolbe in diesen sieben Jahren auf der Arbeit deines Vorgängers aufgebaut und die Heimvolkshochschule Hustedt ein Stück nach vorne gebracht, eine neue Qualität herbeigeführt. Du bist ein Meister darin, finanzielle Mittel zu akquirieren und sie gezielt einzusetzen. Seminarräume, Zimmer, Service und nicht zuletzt die Verpflegung haben sich deutlich verbessert und brauchen keine Vergleich zu scheuen.

Das, lieber Dietrich, ist auch dein Verdienst. Wir beide stehen auch dafür, dass in bestimmten Situationen Symbole wichtig sind. Deshalb habe ich mich sehr darüber gefreut, dass ziemlich schnell, nachdem du die Leitung der Heimvolkshochschule übernommen hast, hier vorn Fahnenmasten mit den Fahnen der Einzelgewerkschaften aufgestellt wurden. Das ist ein Symbol, aber kein unwichtiges. Lieber Dietrich, ich möchte dir im Namen der IG Metall, aber auch persönlich, für deine engagierte Arbeit hier in der Heimvolksschule recht herzlich danken. Du hast Spuren hinterlassen. Für dein zukünftiges Leben wünsche ich dir alles Gute und hoffe, dass wir uns hin und wieder über den Weg laufen.

Vanessa-Isabelle Reinwand-Weiss

Eine kurze Rede über das, was der Froschkönig mit Bildung zu tun hat

Wir leben im 21. Jahrhundert. Die Aufklärung haben wir lange hinter uns gelassen und wir bezeichnen dieses Jahrhundert als Zeit der Informations- und Wissensgesellschaft. Wir haben die allgemeine Schulpflicht. Über 50 Prozent unseres Nachwuchses in Deutschland machen Abitur und jedes Jahr steigt diese Quote um ein Prozent. Die Universitäten und Hochschulen freuen sich von Jahr zu Jahr über steigende Studierendenzahlen. Unsere Staatsform ist die Demokratie und damit glauben wir, dass jeder Bürger/jede Bürgerin in der Lage ist, vernünftig und aufgeklärt zum Wohle aller abzustimmen. (Auch wenn wir hier eine lange Diskussion über parlamentarische und direkte Demokratie anführen könnten.) Wir geben jedes Jahr mehr für Bildung in Deutschland aus, liegen allerdings immer noch im internationalen Vergleich (BIP) damit im letzten Drittel der OECD-Staaten. Alles in allem und auch wenn Kritiker recht damit haben, dass alles immer noch besser sein könnte, bleibt die Frage, ob es sich angesichts dieser offensichtlichen Tatsachen lohnt – ob es Sinn macht – über den Sinn von Bildung zu sprechen noch dazu in einem Bildungshaus par excellence wie es dieses hier ist.

Um es vorweg zu nehmen und Sie können es sich denken: ich bin überzeugt davon, ja sehe es geradezu als Notwendigkeit an, dennoch oder gerade angesichts der oben genannten Tatsachen immer wieder neu über den Begriff der Bildung nachzudenken und gemeinsam zu diskutieren. (Daher Danke an Dietrich Burggraf, seinen Abschied von Hustedt nicht direkt seiner Person, sondern der Sache zu widmen, die viele von uns verbindet!)

Der Begriff der Bildung ist so weit, dass es selbst bei vier Rednern, die alle die gleiche Aufgabenstellung bekommen haben wohl nicht langweilig wird, ja, dass man dem Bedeutungsumfang von Bildung wohl selbst in vier Reden nicht voll gerecht wird. Um nur ein paar Facetten von Bildung schlagwortartig zu nennen:

- Bildung als die Erfahrung von Selbstwirksamkeit
- Bildung als Selbstbildung
- Bildung als Emanzipation
- Bildung als Reflexion
- Bildung als Entfaltung der eigenen Kräfte
- Bildung als Vervollkommnung
- Bildung als Kritik
- Bildung als lebenslange Aufgabe
- Bildung als praktische Wissensanwendung und vernünftiges Handeln
- Bildung als Überschreitung von Grenzen

Diese Liste könnte man noch lange weiterführen und wahrscheinlich zu jedem Begriff viel erzählen. Ich möchte einen Bildungsbegriff herausgreifen, da dieser oft vernachlässigt wird, vor allem, wenn es um ästhetische Bildung geht (mein eigentliches Fachgebiet in meiner Rolle als Direktorin der Bundesakademie für Kulturelle Bildung): nämlich Bildung als Veränderung oder Transformation.

Um diesen Begriff etwas plastischer zu machen, verweise ich auf ein Märchen, am bekanntesten erzählt von den Gebrüdern Grimm: der „Froschkönig". Sie alle werden das Märchen kennen und so muss ich nicht die ganze Geschichte erzählen, eine Szene aber ist mir für meine Rede über Bildung wichtig und diese ist wohl ohnehin die bekannteste des Märchens.

Als die schöne, junge Königstochter den Frosch, der ihr die goldene Kugel aus dem Brunnen geholt hat, wiederholt abgewiesen hat, wird sie vom Königsvater gezwungen, ihre Versprechen dem Frosch gegenüber einzulösen und dieser verlangt also, was er angekündigt hat. Ich zitiere:

„Als sie, die Königstochter, aber im Bette lag, kam der Frosch gekrochen und sprach: „Ich bin müde, ich will schlafen so gut wie du; heb' mich hinauf, oder ich sag's deinem Vater." Da ward sie erst bitterböse, holte ihn herauf, warf ihn aus allen Kräften wider die Wand und sagte: „Nun wirst du Ruhe haben, du garstiger Frosch!" Als er aber herabfiel, war er kein Frosch, sondern ein Königssohn mit schönen, freundlichen Augen."

Was in dieser Szene erzählt wird, ist die Geschichte einer Verwandlung, die natürlich nur im Märchen binnen Sekunden vonstatten geht. Verwandlungen im echten Leben passieren auch, dauern aber meist viel länger.

Ein gelungener Bildungsprozess ist ein Wandlungs-, oder auch ein Verwandlungsprozess. Nehmen wir Wilhelm von Humboldt ernst, kann Bildung nur durch uns selbst, das heißt als Selbstbildungsprozess geschehen. Nur wenn wir selbst uns verändern wollen, kann dies geschehen. Meist sind wir aber in alten Denk- und Handlungsmustern so verhaftet, dass es eine Hilfe oder einen Auslöser von außen braucht, diese zu verlassen. Dies geschieht oftmals nicht so angenehm wie durch einen Kuss. Mit der Wendung des Kusses (die Königstochter küsst den Frosch) wird das Märchen des Froschkönigs oftmals „falsch" erzählt. Nein, meist sind Bildungsauslöser weitaus weniger romantisch.

Gegen die Wand geworfen zu werden, wie der Frosch, das brauchen wir im übertragenen Sinne manchmal, um uns gedanklich von alten Ketten, einer alten Hülle zu befreien. Ein Bildungserlebnis kommt einem Erwachen gleich. Wir werden aufgerüttelt, vielleicht sogar schockiert, auf jeden Fall in unseren Glaubensgrundsätzen erschüttert. Das muss wie gesagt nicht immer so eilig und so heftig geschehen, wie im Märchen. Ein Bildungsprozess braucht meist Vorbereitungszeit, verläuft nicht immer linear, sondern auch in Umwegen und Schleifen und oftmals bleibt der große Knall aus; allerdings gibt es immer wieder kleinere Bildungsmomente und -erlebnisse, von denen wir, wenn wir nachdenken, sicherlich auch das eine oder andere aus unserer eigenen Biografie erzählen könnten. Mal ist es der Besuch einer Veranstaltung oder eines Seminars; mal der Satz eines Kollegen oder Familienmitgliedes; mal das Lesen eines bestimmten Buches oder Artikels oder gar das Betrachten oder Erleben eines Kunstwerkes. Wir erkennen diese (manchmal seltenen) Bildungsmomente daran, dass uns sprichwörtlich „ein Licht aufgeht", dass wir „ein Aha-Erlebnis" haben, oder weniger spektakulär: dass wir Dinge in Frage stellen und vor allem die Welt und uns selbst plötzlich oder auch allmählich mit anderen Augen sehen. Wir machen eine Differenzerfahrung, das heißt die Erfahrung, dass alles auch ganz anders sein könnte! Dies tut auch der Frosch im Märchen. Durch die Erfahrung des an-die-Wand-geworfen-Werdens verwandelt er sich in einen Königssohn und ist (wieder) zu sich selbst gekommen. Er hat sich aber auch in den Augen der anderen – hier der Königstochter – gewandelt. Er ist tatsächlich ein anderer geworden, auch wenn er in der Hülle des Frosches natürlich schon immer er selbst war.

Die Königstochter ist für diesen Verwandlungsprozess hilfreich, aber sie kann ihn nicht erzwingen. Wir wissen, auch als Nicht-Pädagogen: Nicht jeder Frosch, der gegen die Wand geworfen wird, wird zum Prinzen! Und so können wir als Lehrerin oder als Vermittler das Endergebnis unseres Vermittlungsprozesses nicht zuverlässig vorhersagen. Wir können begleiten, wir können ermöglichen, wir können Bildungssituationen schaffen – aber wir können nicht bilden. Bilden kann sich jeder nur selbst!

Bildung hat im Begriff der Verwandlung oder Transformation nichts mit bloßer Wissensaneignung zu tun. Wir können viel Wissen, wenn es uns aber nicht in Fleisch und Blut übergegangen ist, das heißt inkorporiert wurde, kann es niemals zu einem Bildungsprozess kommen. Echte Bildung müssen wir – wie der Frosch – manchmal auch schmerzlich am eigenen Leib erfahren. Gelungene Bildung lässt uns immer wieder ein Stückchen anders und doch immer mehr zu uns selbst werden.

Aber nicht nur wir verändern uns durch Bildung, sondern auch unser Blick auf unsere Umwelt ändert sich und damit wiederum die Bildungsanlässe die wir für erneute Veränderungen überhaupt wahrnehmen. Bildung ist ein lebenslanger, zirkulärer Prozess. Um sich zu bilden brauchen wir persönlich nicht mehr, als offen und neugierig durch die Welt zu gehen und die Bildungsanlässe wahrzunehmen, die sich uns bieten. Das ist häufig anstrengend und nicht immer stellt sich sofort der von uns gewünschte Erfolg ein, wenn wir aber wach und flexibel bleiben, kann Bildung immer wieder gelingen.

Bildung im Begriff der Transformation ist also ein sehr subjektives Geschehen. Politisch gesehen, braucht es natürlich mehr als die Neugier und Offenheit des Einzelnen. Hier benötigen wir durchaus Strukturen und planbare Bildungsgelegenheiten, um diese Veränderungen für jeden einzelnen grundsätzlich möglich zu machen. Für Kinder und Jugendliche sind diese Bildungsgelegenheiten wie sie Elternhaus, Kindergarten und Schule bieten von zentraler Bedeutung.

Als Erwachsene werden wir mehr und mehr selbst verantwortlich für unsere Bildungswege und für die Art und Weise mit Bildungsanlässen umzugehen. An dieser Stelle kann sich jeder an die eigene Nase fassen und dann müssen wir zugeben, dass wir oft und gerne in unseren alten Denk- und Handlungsmustern verharren, weil es bequemer ist, sich als Frosch gemütlich einzurichten, als sich auf unplanbare Wege zu begeben, mit der Gefahr an die Wand geworfen zu werden, auch wenn dann das Prinzendasein locken könnte. Dennoch: dieses Risiko, plötzlich verwandelt zu werden und die Welt mit anderen Augen zu sehen, sollten wir öfter eingehen! Das wäre Bildung, wie es sich die geistigen Väter des Zeitalters der Aufklärung, dem Bildungszeitalter, das gedacht haben: Sapere aude! – Habe Mut, Dich Deines eigenen Verstandes zu bedienen, schreibt Immanuel Kant 1784 und verbindet damit ein vernünftiges menschliches Handeln zum Wohle aller nach dem kategorischen Imperativ.

Von diesem Bildungsanspruch, hin zu einem allzeit vernünftigen, humanen Handeln, sind wir aus meiner Sicht – trotz erfolgversprechender Zahlen der jährlichen statistischen Bildungsberichte – noch ein Stück weit entfernt. Die Herausforderung an den Einzelnen vernünftig und reflexiv seine Kräfte einzusetzen, wird allerdings auch immer höher angesichts einer stetig komplexer werdenden Umwelt. Für was soll ich mich engagieren? Auf welcher Seite stehe ich? Für was kämpfe ich? Lebe ich nach den Prinzipien, die ich auch an andere anlege? Und handle/ entscheide ich so, wie es nicht nur für mich sondern auch für meine soziale Umwelt am besten ist?

Orte wie dieser hier in Hustedt und Personen, wie Dietrich Burggraf, die ihr berufliches Leben der Bildung widmen, können dazu beitragen, Bildungsanlässe immer wieder neu zu ermöglichen und zu gestalten. Suchen wir uns also immer wieder Orte, Situationen, neue Herausforderungen und Personen, die uns „an die Wand werfen", denn sich bilden, heißt sich verwandeln!

Harald Kolbe

Vom Scheitern – unter Erfolgen

Zur Verabschiedung Dietrichs werde ich mich dem Thema einmal etwas anders nähern – ich möchte vom Scheitern sprechen.

Als wir in Hustedt angefangen haben, im Herbst 2009, hatte ich hier schon ein kleines Appartement, Dietrich wohnte noch in Hannover. Gemeinsam fuhren wir oft von Hannover nach Hustedt. Die Fahrt dauert ungefähr eine Stunde und bei solchen Fahrten ergibt sich zwangsläufig die Möglichkeit über, wie man so sagt, Gott und die Welt zu reden. Aber auch ab und zu einmal interessante Gedanken auszutauschen, Projekte zu skizzieren, zu überlegen, was man machen kann, z. B. wie diese Schule weiter profiliert werden kann. Obwohl wir ja ein Profil haben, wir sind arbeitnehmerorientiert und wir sind für soziale Demokratie; es ist ja nicht so, dass dieses Bildungszentrum kein Profil hätte. Aber wie das so ist, man will es nochmal auf den Punkt bringen, zuspitzen, dieses Profil.

Das haben wir überlegt und sind davon ausgegangen, politische Bildung bedeutet auch, dass so eine Einrichtung für eine definierte politische Orientierung steht, nämlich was können wir mit unseren bescheidenen Möglichkeiten dazu beitragen, die politische Entwicklung in diesem Land mit zu gestalten, und zwar über die Vermittlung von Bildungsprozessen hinaus. Das war wie gesagt 2009 und die Orientierung war, in diesem Land eine strukturelle politische Mehrheit rot-rot-grün zu befördern. Wie Hans Jürgen Urban vom geschäftsführenden Vorstand der IG-Metall etwas populär formuliert: wie kann man eine „Mosaiklinke" bilden? Wie können die zersplitterten Linkskräfte zusammengebracht werden, ohne dass die einzelnen Gruppierungen ihre Eigenständigkeit aufgeben müssen. Oder wie wir etwas pointierter gesagt haben: Wie können wir diese Linie, die Peter Weiss in seinem leider viel zu wenig bekannten Roman „Ästhetik des Widerstands" entwickelt hat, die Linie Luxemburg-Gramsci voranbringen? Die Linie Luxemburg-Gramsci heißt zum einen, Hegemonie herstellen für Alternativen zu dieser Gesellschaft, das ist Gramsci. Darauf hat Hartmut Meine in seinem Beitrag schon hingewiesen, und Demokratie, d. h. Beteiligung der Massen, dafür steht Luxemburg. Das war der Grundgedanke und wir haben überlegt, wie kann man den operationalisieren? Wir sind auf eine sehr verwegene Idee gekommen und haben uns gefragt, ob man das nicht verbinden kann mit dem Begriff der Republik, des Republikanischen, der res publica, der öffentlichen Sache. Wohlwissend, dass diese Begrifflichkeit unter anderem durch die Partei der Republikaner schwieriges Terrain ist. Wir haben dann aber festgestellt, dass das nicht nur aus aktuellen, sondern offensichtlich auch aus historischen Gründen in Deutschland ein schwieriger Begriff ist.

Mit dem ersten Reichspräsidenten der ersten Republik fing es eigentlich schon an, das Dilemma. Er war nämlich gar kein überzeugter Republikaner, sondern eher ein konstitutioneller Monarchist. Das kann man nachlesen in den nachgelassenen Memoiren von seinem engen Wegbegleiter Scheidemann, der das sehr beklagt und auch eine Anekdote schildert, aus der diese Einstellung deutlich wurde. Als Scheidemann am 9. November 1918 vom Reichstag aus die Republik proklamiert hatte, ist Ebert im Nachhinein zu ihm gekommen und hat ihn angebrüllt, wie er denn dazu käme, die Republik auszurufen, dazu hätten sie, die Sozialdemokraten, überhaupt kein Mandat. Man kann in diesem Zusammenhang natürlich fragen, braucht man für eine Revolution ein Mandat? Der zweite Reichspräsident dieser ersten demokratischen Republik war ein ausgesprochener Antirepublikaner, ein erzkonservativer, reaktionärer Monarchist, der dann auch die ungeliebte Republik an die Faschisten übergeben hat. Und der erste Bundespräsident war auch kein überzeugter Republikaner, denn er hat 1933 dem Ermächtigungsgesetz zugestimmt und damit die erste Republik den Faschisten preisgegeben, was oftmals in der offiziellen Geschichtsschreibung vergessen wird.

Ich erwähne das deswegen, weil offensichtlich der republikanische Gedanke schon zu Beginn dieser Republik Startschwierigkeiten hatte und sich das scheinbar historisch auch so durchgezogen hat. Selbst heute wird die offizielle Bezeichnung dieses Staates, nämlich die „Bundesrepublik Deutschland" so gut wie gar nicht mehr in der Öffentlichkeit gebraucht, denn es heißt einfach Deutschland. Seit 1990, bis dahin hieß es immer noch, in Abgrenzung zur Deutschen Demokratischen Republik, Bundesrepublik Deutschland, aber seit dem steht der Begriff Deutschland da ohne den Zusatz Republik. Anders wie zum Beispiel in Frankreich. Dort ist es selbstverständlich, von der fünften Republik zu sprechen. Das hängt vielleicht damit zusammen, dass wir in Deutschland 1848 mit dieser ersten halbherzigen Revolution auch nur eine Bourgeoisie herausgebildet haben aber nicht den Citoyen wie in Frankreich 1789, den Staatsbürger, der auf seine Republik, die öffentliche Sache, die res publica achtet, sondern nur den Wirtschaftsbürger, nämlich den Bourgeoisie, der seine eigenen Interessen verfolgt. Das sind alles Gedanken, die uns gekommen waren, als wir überlegt haben, wie können wir das Profil des Bildungszentrums mit dem programmatischen Begriff Republikanisch verbinden.

Es gab übrigens eine Zeit – auch das ist ganz vergessen, zumindest in der offiziellen Geschichtsschreibung – wo dieser republikanische Gedanke in der alten Bundesrepublik einen Aufschwung nahm, nämlich Ende der 60er Jahre bis Anfang der 80er Jahre. Kaum jemand weiß heute noch, dass es damals in Westdeutschland in über achtzig Städten republikanische Clubs gab. Die manchmal auch einen programmatischen Zusatz hatten, nämlich „Club Voltaire", wo solche Gedanken, die eigentlich anknüpfen an Kant und die Aufklärung, neu diskutiert worden sind. Wo über das Bestehende hinaus Alternativen gesucht wurden.

Nun hat sich die politische Großwetterlage seit 2008/2009 vollständig geändert, teilweise durch die große Koalition, teilweise durch schwarz-grüne Bündnisse in den Ländern, so dass dieser Gedanke an strukturelle Mehrheiten rot-rot-grün zwar nicht prinzipiell falsch aber auch nicht aktuell ist, obwohl es unserer Meinung nach weiterhin ein strategisches Ziel sein sollte.

Ich will damit andeuten, wir sind mit diesem konkreten Projekt ein wenig gescheitert. Sowohl an den historischen Gegebenheiten als auch an den aktuellen Gegebenheiten. Man muss es so konstatieren.

Eine andere Geschichte knüpfte an Oskar Negts kleinen Aufsatz von 1986 an, betitelt „Was muss ein Arbeiter eigentlich heute wissen?". Daran hat er sein Kompetenzmodell entwickelt: historische Kompetenz, technologische Kompetenz, soziale Kompetenz usw., das will ich jetzt nicht weiter ausführen. Das hat uns beide auf eine Idee gebracht, auf diesen Fahrten. Wir sind hier ja bekennende Jünger Guttenbergs, sozusagen fanatische Bücherfreunde, was man auch daran sieht, dass wir versuchen, eine kleine arbeitnehmerorientierte, sozialwissenschaftliche Bibliothek aufzubauen und das wir auch in den Sechs-Wochen-Kursen immer sagen „Leute, im Internet ist ein Drittel des Wissens aber zwei Drittel sind in den Büchern". Also wie wäre es, anknüpfend an diesen Slogan von Oskar Negt, dass wir einen kleinen „Hustedter Kanon", nämlich was muss ein Arbeiter heute eigentlich gelesen haben oder was sollte er gelesen haben, entwickeln?

Es war relativ unstrittig, dass dazu das „Kommunistische Manifest" gehört. Es hat ja jetzt auch höhere Weihen bekommen durch die UNESCO, ist zum Weltkulturerbe geworden, und wir lesen es auch hier in bestimmten Seminaren. Wobei wir beobachten, wenn die Teilnehmer Auszüge aus diesem 160 Jahre alten Werk lesen, stellen sie erstaunt fest, dass es zwar alt ist aber gleichzeitig aktuell. Beispielsweise was die Globalisierungsfrage angeht, was die Klassengesellschaft, also oben und unten, arm und reich angeht, die Rolle des Staates als geschäftsführender Ausschuss der Bourgeoisie usw. Es ist unstrittig, dass diese kleine Schrift dazugehören muss. Doch dann fingen die Schwierigkeiten schon an. Dietrich als ausgewiesener Pazifist und Kriegsgegner hat natürlich gesagt, es muss etwas Antimilitaristisches mit dabei sein. Was haben wir da? Klassisch: „Im Westen nichts Neues" von Remarque, das liegt auf der Hand. Dann, ein konstitutives Element dieser Bundesrepublik und auch der Gewerkschaften: Antifaschismus. Was macht man da? Nimmt man den Roman „Das siebte Kreuz" von Anna Seghers, nimmt man „Nackt unter Wölfen" oder „Zündschnüre" von Degenhardt? Da fing es schon an. Nimmt man einen historischen Roman? Ich hab darauf hingewiesen, völlig vergessen: Peter Weiss. Ein Roman über das Scheitern der deutschen Arbeiterbewegung vor dem Faschismus mit einer vorsichtig optimistischen Perspektive. Uns ist dabei aufgefallen, dass es relativ wenig ausländische Titel gab. Von Eduardo Galeano „Die offenen Adern Südamerikas", wäre vielleicht so etwas gewesen. Wir hatten fünfzig, hundert Titel, aber es war nicht möglich, das muss ich ehrlich sagen, einen Kanon wie ursprünglich angedacht, zu erstellen. Es war einfach nicht möglich, sich auf zehn, zwölf Titel zu konzentrieren. Also war auch das ein Projekt, wo wir gesagt haben, es wäre toll gewesen, aber eine Nummer zu groß. Vielleicht bei einem zweiten Anlauf.

Nun will ich aber nicht weiter vom Scheitern reden, weil neben dem Scheitern haben wir auch Erfolge hier in Hustedt zu verzeichnen – man kann also auch unter Erfolg scheitern, wenn man so will.

Ich möchte zum Schluss doch noch einmal ein auf die Person Dietrich Burggraf zu sprechen kommen. Dietrich hatte in dem Sechs-Wochen-Akademiekurs das Fach Geschichte mit den Schwerpunkten Geschichte der Arbeiterbewegung, Geschichte der Gewerkschaftsbewegung übernommen. Und er hatte auch den Stadtrundgang durch Celle übernommen und beides ein bisschen miteinander verknüpft mit geschichtlichen Stationen der Arbeiterbewegung, des Nationalsozialismus und des Antifaschismus, die gibt es nämlich in Celle auch. Dieser Stadtrundgang ist immer geendet in einer, ich möchte sagen pittoresken, Weinstube, die man als „Nicht-Celler" überhaupt nicht finden würde. Wie er sie gefunden hat, weiß ich gar nicht, sie ist in der Altstadt in einem Hinterhof gelegen, wunderschön, aber man sieht sie nicht, wenn man daran vorbei geht.

Da Dietrich ganz gern ein Glas Weißwein trinkt und folgerichtig solch einen Abschluss des Stadtrundganges gewählt hat, habe ich mir anknüpfend an diese Praxis überlegt, ihm zum Abschluss und damit inhaltlich in Verbindung stehend drei Sachen zu schenken:

Es ist einmal – du bist bekennender Weißweintrinker – eine Flasche „Steillagenriesling von der Mosel", ganz gutes Tröpfchen denke ich, nein weiß ich. Das muss man natürlich irgendwie trinken und deshalb habe ich ein etwas anderes Weinglas dazu ausgesucht, das im ersten Moment sehr ungewöhnlich aussieht, völlig anders als unsere heutigen Stielgläser. Es ist eine originalgetreue Nachbildung des Weinglases, das unser Geheimrat in Weimar benutzt hat. Es ist hergestellt von der traditionsreichen Glashütte Glaucha in Thüringen. Wir wissen, dass Goethe kein Kostverächter in dieser Hinsicht war. Es sind Rechnungen überliefert, wie viele Fuder Wein er sich aus seiner hessischen Heimat hat nach Weimar schicken lassen. Also das der zweite Teil des Geschenkes.

Das Dritte, was ich dir schenken will, hast du schon. Das muss erklärt werden: Wir haben uns in Hannover – ich war bei der IG Metall-Bezirksleitung beschäftigt und du Direktor der Volkshochschule – ein, zwei Mal bei dir getroffen und sind dann ins Gespräch gekommen über Geschichte, über preußische Geschichte, deutsche Geschichte. Ich habe dir gesagt, dass ich darüber ein interessantes Buch habe: „Die Lessing-Legende – Zur Geschichte und Kritik des preußischen Despotismus und der klassischen Literatur". Ein sehr ungewöhnlicher Titel, man kann sich so gar nichts drunter vorstellen. Die Lessing-Legende ist geschrieben worden von einem völlig vergessenen großen Literaten, von Franz Mehring. Franz Mehring war in der damals noch revolutionären SPD unter Bebel der Vorzeigeintellektuelle und Publizist der SPD. Er hat die erste Marx-Biographie geschrieben, auch die erste Geschichte der Sozialdemokratie in drei Bänden. Das erwähne Buch „Die Lessing-Legende" hatte ich dir damals gegeben.

Und daraus hat sich Folgendes entwickelt: Alle ein oder zwei Jahre sagst du, „Mensch Harald, ich habe doch von dir noch diese Lessing-Legende, die muss ich dir mal wiedergeben, ich muss mal sehen wo ich die überhaupt habe". Das hat sich so - the same procedure as every year – regelmäßig wiederholt. Wir kennen aus dem Arbeitsrecht das Institut der betrieblichen Übung. Wenn man dreimal hintereinander eine Leistung bekommen hat, wird das ein Besitzstand. Man kennt das auch im Zivilrecht, dort ist es das Gewohnheitsrecht. Insofern legalisiere ich den bestehenden Status jetzt durch offizielle Übergabe des Objektes in dein Eigentum.

Ich denke, diese drei Sachen: der Wein, das Glas, das Buch sind etwas, was du gut gebrauchen kannst, wenn du auf deiner wirklich schönen Terrasse an einem lauen Sommerabend diese drei Kulturgüter genießt.

Das wünsch ich dir.

Danke

Das waren fast sieben ganz besonders produktive, politisch wirksame und persönlich erfüllende Jahre in der Leitung des Bildungszentrums HVHS Hustedt. Ich danke allen Kolleginnen und Kollegen für die gute Zusammenarbeit – dem Hustedt-Team, unseren Bildungspartnern und insbesondere der IG Metall und den Vertrauensleuten der VW AG und der Salzgitter AG sowie allen Freundinnen und Freunden in Politik und Gewerkschaften, in Wissenschaft, Kultur und Erwachsenenbildung.

Dem Vorstand des Trägervereins mit seinem Vorsitzenden Heinz-H. Witte danke ich für das große Vertrauen und die Gestaltungsfreiheit bei der politischen Profilierung und Modernisierung des Bildungszentrums. Und ganz besonders danke ich Harald Kolbe für die außergewöhnlich kollegiale, partnerschaftliche und erfolgreiche Zusammenarbeit.

Dank ist keine politische Kategorie. Gewerkschafter sind solidarisch. Sie treten für eine gerechte Sache ein. Schließlich geht es um die Sicherung der Arbeitsplätze, um die Verbesserung der Lebens- und Arbeitsbedingungen, um Verteilungsgerechtigkeit, Mitbestimmung und soziale Demokratie. Dabei durfte ich als "Quereinsteiger" ein gutes Stück mitarbeiten.

Ich sage es nicht ohne Stolz: Hustedt hat heute eine starke Stellung in der öffentlichen Bildungslandschaft und der gewerkschaftlichen Bildungsarbeit – innovativ, kritisch-emanzipatorisch und leistungsstark.

Ich mache es wie der Indianer im Film „Einer flog über das Kuckucksnest" und sage ganz einfach: Danke!

Dietrich Burggraf

Die Autorin und Autoren

Dirk Ulrich Mende (59)
Oberbürgermeister der Stadt Celle,
Studium der Rechtswissenschaften, 20 Jahre in verschiedenen Funktionen in der Kommunal- und der Landesverwaltung tätig, seit 2009 Oberbürgermeister.

Hartmut Meine (63)
Bezirksleiter IG Metall Bezirk Niedersachsen/Sachsen-Anhalt,
Studium als Wirtschaftsingenieur, pädagogischer Mitarbeiter im IG Metall Bildungszentrum Sprockhövel, Tarifsekretär in der Bezirksleitung in Hannover, seit 1998 Bezirksleiter

Prof. Dr. Vanessa-Isabelle Reinwand-Weiss (37)
Direktorin der Bundesakademie für kulturelle Bildung Wolfenbüttel,
Studium der Pädagogik, Theater- und Medienwissenschaft, Philosophie und Italoromanistik, Professorin für Kulturelle Bildung an der Universität Hildesheim, seit 2012 Direktorin der Bundesakademie

Harald Kolbe (61)
Stellvertretender Leiter des Bildungszentrums HVHS Hustedt,
Werkzeugmacher, langjährige Funktion als Betriebsratsmitglied, Bildungssekretär in der IG Metall Bezirksleitung in Hannover, Mitglied im Vorstand von Arbeit und Leben in Niedersachsen und in Sachsen-Anhalt, seit 2009 in Husted

Der Hustedter Winter ist der politische Jahresauftakt des Bildungszentrums HVHS Hustedt e. V.

Bisher fand der Hustedter Winter statt im:

Januar 2011 mit Prof. Dr. Heinz-J. Bontrup,
Professor an der Fachhochschule Gelsenkirchen, FB Wirtschaftsrecht und Sprecher der Memorandumgruppe für alternative Wirtschaftspolitik

Januar 2012 mit Prof. Dr. Heiner Flassbeck,
Direktor bei der UNCTAD, der UN-Organisation für Welthandel und Entwicklung, Staatssekretär im Bundesfinanzministerium a. D.

Januar 2013 mit Helga Schwitzer,
Geschäftsführendes Vorstandsmitglied der IG Metall, Frankfurt a. M.

Januar 2014 mit Bernd Lange,
Mitglied des Europäischen Parlaments, Berichterstatter für Industriepolitik des EP

Januar 2015 mit Prof. Dr. Martin Allespach,
Direktor der Europäischen Akademie der Arbeit in der Universität Frankfurt am Main

Seit 2014 veröffentlicht das Bildungszentrum in loser Folge *Hustedter Beiträge zur politischen Bildung*, um in der Fachöffentlichkeit und mit allen Interessierten die Theorie-Praxis-Diskussion anzuregen und weiterzuentwickeln. Bisher erschienen sind:

Band 1

50 Jahre Soziologische Phantasie und Exemplarisches Lernen – Tagungsband Emanzipative politische Bildung

Mit einem Vorwort von Dietrich Burggraf und Harald Kolbe sowie einer Einleitung von Christine Zeuner. Beiträge von Adolf Brock, Christine Zeuner, Daniela Holzer, Katja Petersen, Guido Brombach, Elke Gruber, Bettina Lösch und Oskar Negt – 148 Seiten,

ISBN 978-3-735-75852-1

Band 2
Wirkungen politischer Erwachsenenbildung verstehen – Eine Machbarkeitsstudie

Von Peter Straßer und Isabell Petter mit einem Vorwort von Dietrich Burggraf – 122 Seiten

ISBN 978-3-7347-5280-3

Band 3

Erinnern statt vergessen!

Der Todesmarsch vom KZ-Außenlager Klein-
bodungen über Hustedt nach Bergen-Belsen
Von Björn Allmendinger, Harald Kolbe, Horst
Stehr – 32 Seiten,

ISBN 9-783-638-141

Band 4

**Von der Arbeiterkultur zur Kultur der Arbeit –
Das kulturelle Erbe der Arbeiterbewegung und
politische Kulturarbeit heute (Tagungsband)**

Harald Kolbe, Dietrich Burggraf, Peter Straßer
(Hrg.),

Drucklegung Sommer 2016

Bezug aller Bände über den Buchhandel und im Bildungszentrum. Nähere Infor-
mationen unter *www.hvhs-hustedt.de.*

Das Bildungszentrum

Das Bildungszentrum Heimvolkshochschule Hustedt e.V. wurde 1948 gegründet. Konzeptionell beruht es auf den Gedanken dänischer Volkshochschulen, wie sie von Nikolai Frederik Severin Grundtvig (1783–1872) angedacht und initiiert wurden. Neben Angeboten der allgemeinen Erwachsenenbildung stellt politische Bildung mit Arbeitnehmenden die zentrale Aufgabe dar. Das Bildungszentrum orientiert sich an den Grundsätzen der sozialen Demokratie. Teilnehmende können hier nicht nur Wissen erwerben, sondern auch Vorurteile überwinden, eigene Interessen erkennen und gegensätzliche Meinungen kennen lernen. Gelungenes Lernen heißt in Hustedt auch, soziale und kommunikative Fähigkeiten zu entwickeln und zu stärken, um eigene Standpunkte artikulieren und im Diskurs mit anderen vertreten zu können. Die Heimvolkshochschule Hustedt versteht sich nicht nur als Anbieter von Bildungsinhalten, sondern auch als „Ort des Lernens, der gemeinsamen Begegnung". Mehrtägige Seminare mit Übernachtungen sind die Regel. Das Angebot, vor Ort sein und Zeit für Begegnungen mit Inhalten und anderen Menschen und Meinungen haben zu können, stellt ein zentrales Merkmal politischer Bildung im Bildungszentrum dar.

In Kooperation mit unseren gewerkschaftlichen Bildungspartnern und weiteren zivilgesellschaftlichen Kooperationspartnern führen wir jährlich ca. 300 Veranstaltungen mit über 5.000 Teilnehmerinnen und Teilnehmern durch. Im Trägerverein des Bildungszentrums Heimvolkshochschule Hustedt e. V. sind über 400 Mitglieder, die in den Gewerkschaften, in Betrieb und Politik Verantwortung übernommen haben und das Bildungszentrum tragen und mitgestalten.